D1537206

EL AMOR ES YA!

EL AMOR ES YA!

ALFREDO ARANTEGUI

EL AMOR ES YA!

EL AMOR ES YA!

EL AMOR ES YA!

DEDICATORIA

Quiero agradecer y dedicar este libro a todas esas personas que han sido parte de este nuevo movimiento interno de mi ser, mi nuevo despertar y ampliación de consciencia. La cual se escondía detrás de un miedo que ocupo mi vida por muchos años hasta que debió nacer. La decisión de hacer este libro va acompañado a un gran movimiento espiritual interno y de una aceptación de mi parte, después de varios meses de búsqueda hacia algo mas allá de lo físico. No puedo estar mas agradecido a todos aquellos que en el camino me llevaron a este despertar, que inicialmente los vi como mis rivales y hoy entendí que eran solo parte de quien realmente yo soy.

Así que, si tu que lees o tienes la oportunidad de leer este libro, de una u otra forma has estado en mi vida, sabes que este libro va dedicado a ti por haber aportado a mi desarrollo espiritual y emocional hasta el punto del colapso. Gracias por existir, estar y cruzar esta maravillosa nueva realidad. Nos vemos y nos encontraremos en muchas otras.

EL AMOR ES YA!

INTRODUCCION

Agradezco la oportunidad de este momento para poder introducir una vez mas y dejar plasmado lo que somos cuando realmente nos dejamos ser. Deberás saberte rendir antes que nada para poder nacer. Esta etapa es incomoda, dolorosa e incluso la mas que nos golpea en el camino de la espiritualidad. Perder nuestra identidad es el acto mas puro y elevado que puedes hacer para contigo mismo. Y aunque no te resuene ahora si has llegado hasta aquí quiero dejarte saber que, para poder ser feliz en el amor, debes saber entregarte al amor. No podrás entrar el reino sin regresar en ser amor la esencia de lo que eres. El reino no es de alguno es un regalo sagrado y ya te pertenece solo que debes permitirte aceptarlo y es allí donde descubrirás todo lo que te ha sido otorgado por el simple hecho ya de existir. El amor es la frecuencia mas armoniosa que hay para contigo, por ende, todo lo que hagas en amor prosperara y prosperara desde una forma maravillosamente perfecta para ti. No podrás jamás encontrar ese amor afuera pues a menos que lo descubras en ti, no sabrás como es o que es amor.

El libro esta basado en las enseñanzas de la ley de la asunción y los principios básico de la creación; todo lo que ha sido creado proviene del mismo lugar de donde provienes tu. He usado durante mas de diez años dichas enseñanzas conscientemente y hace un ano aproximadamente realmente comencé a sumergirme en el despertar o camino de vuelta. Todo lo que leerás en el libro esta verificado por mi así que te garantizo que tendrás el éxito que deseas, solo debo acotarte esto, manifestar amor como cualquier otra cosa no es cuestión de capricho, se ha de estar muy claro en ello, de lo contrario no vas a lograr generar la resonancia para su creación en ti. Todo lo que vas a leer no significa que es la única forma de conseguir lo que deseas, pero si puedo asegurarte de que lo he probado y lo han probado muchas personas que han sido partícipes en mis talleres y sesiones personalizadas y ellos han obtenido resultados favorables. La primera clausula que me viene a la mente es que debes dejar de usar tu mente racional o lógica cuando te sumerjas de lo contrario tendrás un chance de lograrlo bastante escaso. Tu mente racional controla todo tu mundo material, el mundo de la tercera dimensión o llamado 3D, que no es mas que (ancho x alto x profundo). El mundo o el concepto de la creación de este plano tridimensional es generado a partir de un plano cuatridimensional (4D) que como elemento adicional al de la tercera dimensión agregaras tu poder creador (tu imaginación). Es solo desde aquí que todo lo que hoy observas es creado, luego es proyectado a un plano mas denso como hoy lo conoces 3D. Así que evita en el proceso de tus ejercicios diarios para manifestar este amor abstenerte a usar tu mente lógica, aunque te sientas forzado a usarla, ella hará lo que deba hacer para llamar tu atención, pues esa es su función distraerte. Si persistes y logras atravesar esto, ya estas casi garantizado que no puedes no tropezar con tu amor.

Puedo atestiguar que si realmente te eres fiel a tu asunción no puede no aparecer. En la elaboración del libro pude constatar una vez mas que vivimos en un mundo de imaginación donde tus pensamientos crean tu realidad y a partir de allí vives esa experiencia en ti. Muchas personas a lo largo de la elaboración de este libro aparecieron en mi camino para aportar indirecta o directamente su creación, así que tu que llegaste a mi vida justo en la edición de este libro agradezco porque pude constatar una vez mas que vivimos en un mundo de solo imaginación, aunque mientras escribía tuve días y momentos de no continuar creí en mi una vez mas, y pude sobrellevar ese escalón del cual hago mención arriba, rendirse y no operar desde tu mente lógica. En todo momento tu consciencia te escucha y obedece y ella hará lo que tu dictes a través de tus pensamientos mas concurrentes. Así que si ya estas listo para comenzar a manifestar esa vida plena en amor o si estas preparado para descubrir esa persona que tanto amas y la tengas finalmente a tu lado, darás inicio a esto que transformara tu vida para siempre. El sistema que aquí describo funciona para esa persona que has deseado ser, conseguir, reconquistar o simplemente recrear en tu mente y que sabes que es algo que anhelas sea un hecho en tu vida. Los mismos principios puedes usar para mejorar cualquier tipo de relación en que te encuentres ya que sabes que el amor es el equilibrio del Universo en el que habitas. Mucho éxito y nos vemos próximamente en esta nueva realidad.

EL AMOR ES YA!

INDICE

CAPITULO 1

LOS BLOQUES DE CONSTRUCCIÓN BÁSICOS
PARA USAR LA LEY DE LA ASUNCIÓN O LEY
DE LA CONSCIENCIA PARA EL AMOR

EL AMOR ES YA!

CAPITULO 1

LOS BLOQUES DE CONSTRUCCIÓN BÁSICOS PARA USAR LA LEY DE LA ASUNCIÓN O LEY DE LA CONSCIENCIA PARA EL AMOR

"Para adquirir amor... Llénate de el hasta que te conviertas en un imán". - Charles Haanel

Voy a comenzar desde el principio y lo guiare a través de cada paso que dé para reconocer a una persona especifica. Para garantizar su éxito. debe planificar y prepararse. Le daré la base y la desarrollare a medida que lea este libro, pero es importante que haga todo el trabajo. Debes comprometerse por completo a manifestar a una persona especifica y a las herramientas que te voy a dar.

La ley de la asunción o ley de la consciencia funciona todo el tiempo. Ya sea que desee crear una relación, manifestar a una persona especifica o recuperar a su ex, la ley funciona.

No es necesario que entiendas perfectamente como usar la ley de la asunción para manifestar con éxito, solo debes recordar que la ley se puede resumir en cinco palabras:

Los pensamientos se hacen realidad

Al usar la ley de la asunción para el amor, debes poner tus pensamientos mas allá de tu estado actual de ser. Tienes que dejar de ofrecer pensamientos en respuesta a como es ahora tu vida amorosa o tus relaciones. Tienes que dejar de concentrarte en la persona que quieres manifestar y si tiene o no una relación amorosa contigo.

Si te concentras en lo que ves, tus pensamientos se llenaran con lo que es y la ley de la consciencia te dará más de eso *"mas soledad, mas dolor de corazón mas frustración"*.

No mire su relación como es ahora. Deja de concentrarte en la persona que quieres manifestar. Deja de pensar en como te gustaría tener una relación amorosa con él. En cambio, concéntrate en tu vida como si ya estuvieras en la relación con el. Visualízate en la relación. Imagina mentalmente como quieres que sea.

"El pensamiento predominante o la actitud mental es el imán, y la ley es que lo semejante produce lo semejante, en consecuencia, la actitud mental producirá invariablemente las condiciones que correspondan a su naturaleza". - Charles Haanel.

Vive como si ya fuera realidad. Deja que sea el punto de vista desde el que veas el mundo. Haga las cosas que haría si ya tuviera la relación que desea.

Asegúrate de que tu entorno refleje que ya tienes a tu alma gemela, a tu amor soñado, a ese amor: haz espacio en tu armario para su ropa, duerme en *"tu"* lado de la cama, siempre baja el asiento del inodoro.

Todas estas acciones son pensamientos poderosos. Y así es como piensas de ti mismo.

Es por eso por lo que no puedes concentrarse solo en su compañero cuando realice el próximo proceso. También tiene que hacer tu trabajo tú mismo.

Tienes que amarte y respetarte porque es imposible sentirte bien si no te amas y respetas.

Cuando te sientes mal contigo mismo, te estas impidiendo recibir la relación que deseas.

Si crees que no eres lo suficientemente bueno para tener a tu persona especifica en tu vida o crees que no mereces tener una relación amorosa con el, te estas impidiendo recibir tanto a la persona como a la relación que deseas.

Debes empezar a pensar en lo maravilloso que eres. ¡Si solo puedes concentrarte en una cosa que es una es en ti, la ley de la asunción te dará mas cosas que te gusten de ti! ¡Comienza a enfocarte en lo grandioso que eres!

Para ayudarlo a ver más de lo que es bueno en usted, intente decirse cosas edificantes al comienzo del día, en un momento tranquilo o justo antes de irse a dormir. Aquí hay algunas ideas para comenzar:

- ¡Hago excelentes pasteles de arándanos!
- Mi cabello natural rizado es maravilloso.

- Tengo una gran sonrisa.
- Soy genial con las herramientas eléctricas.

"Ya sea que cree que puede o cree que no puede, de cualquier manera, tienes razón" - Henry Ford.

Aprenda a usar sus pensamientos para crear el amor

La mayoría de las personas que han logrado un gran éxito al manifestar amor con una persona especifica, comprenden cómo usar la ley de la asunción a diario.

Puedes ser uno de ellos, pero primero debes comprender como funciona tu mente porque tus pensamientos tienen un gran impacto en tu éxito.

Veras, todo el mundo piensa de cierta manera. Su forma de pensar se basa en creencias que han aprendido a lo largo de su vida, desde cuando era un niño pequeño.

Muchas veces estas creencias son limitantes, te impiden vivir la vida que deseas. Hacen que surjan pequeñas dudas o sentimientos de indignidad en tus pensamientos. Y es importante comprender el poder de tus pensamientos porque, tus pensamientos crean tu realidad.

Lo que piensas mas a menudo se convierte en tu realidad. Lo que visualizas, las imágenes que ves en tu mente se convierten en tu realidad.

Lo que mas te repites a ti mismo, las palabras que te dices en tu mente, se convierten en tu realidad.

Ya sea que piense en tener una relación con su ser querido o que tema perderlo para siempre, crearas personas, circunstancias y eventos a su vida que reflejen esos pensamientos. Ahora bien, lo bueno es que las cosas en las que piensas no se crean instantáneamente. Si lo fueran, cada vez que pensaras en un elefante rosado, aparecería uno.

Esto es la capacidad de cambiar sus pensamientos tan pronto como se de cuenta de que esta pensando negativamente.

Cada vez que se sorprenda pensando que se siente solo con el corazón roto, cambie sus pensamientos.

Cada vez que crea que no esta con la persona con la que quiere estar, cambie de opinión. En cualquier momento ella, cambia de opinión. Crees que nunca la tendrás. ¡Cambia tus pensamientos y tu vida cambiara! Simplemente decide en que quieres pensar y tu vida cambiara para que te conviertas en eso. Empiece ahora a pensar que ha creado a la persona especifica que desea crear. Piense que su vida se ha transformado y ha logrado el éxito y la felicidad que desea. Y si alguna vez no esta seguro de si es esta enfocado en crear con éxito a la persona que desea, observe sus emociones.

Si se siente bien, feliz, apasionado, gozoso, se esta enfocando en conseguirlo.

Si te sientes mal, triste, solo, infeliz, enojado, te estas enfocando en no conseguirlo o que no lo puedes lograr.

¡Deja que tus emociones te guíen!

Le dirán si se esta concentrando en lo que no quiere o en lo que teme. Simplemente deje de concentrarse en las cosas que no desea y comience a concentrarse en las cosas que sí desea. Cuando puedas controlar tus pensamientos, estarás bien encaminado para manifestar amor con la persona especifica.

"Todo el poder proviene de adentro y, por lo tanto, esta bajo nuestro control" - Robert Collier.

CAPITULO 2

EL PODER DE TUS PALABRAS

EL AMOR ES YA!

CAPITULO 2

EL PODER DE TUS PALABRAS

Tus palabras tienen el poder de crear tanto como tus pensamientos. Pueden ayudarlo o impedir que manifieste tus sueños.

Cada palabra que diga o escriba puede transformar su vida, para bien o para mal.

Las palabras pueden crear tu amor hacia ti o alejarlo mas. No nos damos cuenta de lo poderosas que son nuestras palabras, o incluso de que algo tan simple como quejarse de nuestro día tiene el enorme potencial de crear.

¿Cuándo estas con tu amiga, alguna vez te quejas de que se te llevan a todos los hombres buenos? ¿Alguna vez has dicho que eres demasiado mayor para encontrar el amor? ¿Hablas de lo cansado que estas de estar solo?

¿Mas importante aun, alguna vez hablaste de cuanto quieres estar con una persona especifica? ¿Te quejas de que ella solo quiere ser amiga?

Odio decírtelo, pero cada vez que has estado diciendo estas cosas, *has estado creando lo que no quieres*.

Si dices que todos los hombres buenos están tomados, será así para ti. Si dices que eres demasiado mayor para encontrar el amor, alejaras el amor para no poder encontrarlo. Si dices que estas cansado de estar soltero, seguirás estando soltero y cansado de eso.

Si te quejas de que quieres estar con la persona especifica o de que el simplemente no te nota, estas creando un mundo en el que quieres **estar** con el. No estas creado un mundo en el que **estas** con el. Estas perpetuando tu actual escenario de querer **estar** con el. Si se queja de que ella solo quiere estar con el. Si se queja de que ella solo quiere ser amiga, sus palabras están creando un mundo en el que ella solo quiere ser amiga. Nada mas.

Si se queja de que esta solo o que están cansado de estar solo, esta creando mas soledad en su vida. Tus palabras son una extensión de tus pensamientos y crean tu realidad ¡Así que deja de quejarte!

Cambia tus palabras, cambia tu vida.

¿Cuándo le hables o escribas a alguien, has una pausa y pregúntate "Es esto algo que quiero crear?" Si no es así, cambie sus palabras. Concéntrate en lo positivo y habla sobre el mundo como quieres que sea, no como es.

Empiece a decirse a si mismo que es un gran partido. Di que la persona que quieres te quiere. Habla sobre como siempre tienes a alguien que te acompañe a eventos de empresa, bodas y fiestas. Habla sobre lo maravilloso que es tener una relación tan plena y amorosa con tu chico o chica.

"Creas tu propio universo a medida que avanzas"
- Winston Churchill.

La palabra mas poderosa

Hay una palabra que, cuando la usas, tiene la capacidad de manifestar no solo a una persona especifica, sino cualquier cosa sobre la que hables o escribas. Esta palabra da forma a tu vida. Cuando aprendes a usarla controlas tu destino. La palabra mas poderosa para manifestar es:

"NO"

Siempre que uses esta palabra, el universo no podrá escucharla. Siempre que te dices a ti mismo que no quieres que suceda algo, como "No quiero estar sin David", el Universo es incapaz de oír el **"no lo hagas"**. Todo lo que oye es "Quiero estar sin David" Piensa que eso es lo que quieres que suceda y eso es lo que te da, tu solo, sin David.

Cuando dices "**no**" a algo, como "no drogas", "no alcohol", "no niños", "no fumar", el Universo no puede escuchar el "**no**" y te trae drogas, alcohol, niños y fumar.

Cuando use la palabra "**NO**" como "No va a ser un adicto al trabajo" tenga cuidado porque probablemente terminara con un adicto al trabajo. ¡Así de poderosas son las palabras!

Si quieres saber lo que le has estado diciendo al Universo, mira tu vida amorosa. Mira tus relaciones. ¿A qué le ha estado diciendo que sí sin querer con la palabra "no"? Si la palabra "no" aparece todo el tiempo en su discurso y pensamientos diarios.

"No golpees la puerta."
"No llegues tarde."
"No voy a salir con otro perdedor".
¿Y qué pasa cada vez que las dices?

Invariablemente, alguien golpea la puerta, llega tarde o sales con otro perdedor. La palabra "no", es como una orden que produce exactamente lo que estas tratando de evitar que suceda. ¿Siempre que te encuentres diciendo "no", pregunta ¿Que quiero?

Si te aseguras de prestar atención a tus pensamientos y palabras y solo te enfocas en lo que realmente deseas en muy poco tiempo se cumplirá y lo tendrás.

¿Que deseas manifestar entonces?

Vea las cosas que desea como si ya fueran suyas. Sepa que vendrán a usted cuando las necesite. Entonces déjelas venir. No se preocupe no se preocupe por ellas. No piense en la falta de ellas. Piense en ellas como suyas, como perteneciente a usted, si no como ya en su posesión.
—Robert Collier.

CAPITULO 3

CÓMO SUS SENTIMIENTOS PUEDEN
AYUDARLO A MANIFESTAR A UNA
PERSONA ESPECÍFICA

EL AMOR ES YA!

CAPITULO 3

CÓMO SUS SENTIMIENTOS PUEDEN AYUDARLO A MANIFESTAR A UNA PERSONA ESPECÍFICA

Sus sentimientos son poderoso porque pueden ayudarlo a manifestar a una persona especifica. Si bien sus pensamientos tienen el poder de crear, sus sentimientos le dicen lo que esta pensando. Por ejemplo, cuando te sientes nervioso, asustado, enojado cualquier sentimiento negativo, tus pensamientos son negativos y están bloqueando tu manifestación. Cuando estas feliz, alegre, emocionado, cualquier sentimiento positivo, tus pensamientos son positivos y acercan a tu persona hacia ti.

Necesita estas consciente de lo que esta sintiendo porque sus sentimientos son cómo sabe instantáneamente lo que esta pensando.

No puedes sentirte mal y tener buenos pensamientos al mismo tiempo. Es imposible. Cuando te sientes mal, estas teniendo malos pensamientos y necesitas cambiar lo que piensas. Si no lo hace, esta creando mas experiencias negativas hacia usted y empujando su relación con una persona especifica mas lejos.

Puedes manifestar amor con una persona especifica, pero tienes que sentirte bien.

Cuando se siente bien, su nivel de energía vibra a una frecuencia realmente alta. Te lleva a una alineación vibratoria con la esencia de quien eres realmente y con lo que quieres. Cuanta más emoción sienta, mayor será la alineación vibratoria.

Es por eso por lo que *sentirse bien debe ser una prioridad en su vida.*

No es algo que posponga hasta que cumple con su lista de "tareas pendientes". Es algo que debe experimentarse en **todo** momento.

Déjame explicar. digamos que sus emociones se pueden dividir en una escala del 1 al 10. Cualquier emoción que sea de un nivel 1-5 es una emoción "mala" (por ejemplo, miedo, ira y duda) Cualquier emoción que este en un nivel 6-10 es una buena emoción / por ejemplo felicidad expectativa y esperanza).

Si se detiene en cualquier momento durante el día y califica el nivel en el que vibran sus emociones, descubrirá la energía que esta enviando hacia el universo en ese momento.

" Sigue tu dicha y el universo te abrirá puertas donde solo había paredes ". − Jospeh Campbell

Cuanto mas a menudo te sientes bien, no solo estas diciendo "**si**" a tu vida hoy, sino que también estas mas a la altura de las experiencias que quieres manifestar. Por lo tanto, siempre que se este enfocando en manifestar al hombre o la mujer que desea, pregúntese como se siente al respecto.

¿Como me siento por Karla?
¿Como me siento al tener una relación con Juan?
¿Como me siento acerca de mi vida amorosa?

Cuanto mas alto sea el índice de sus sentimientos en la escala, mas cerca estará de obtener lo que desea. Para elevar su nivel, simplemente piense en las cosas por las que esta agradecido. Incluya las cosas grandes y las pequeñas.

Sienta la gratitud incondicionalmente. Y observa como tus sentimientos suben en la escala. Incluso puede comenzar un diario de gratitud en el que todos los días escriba al menos tres cosas por las que esta agradecido que sucedieron ese día. Puede ser cualquier cosa, desde una hermosa puesta de sol hasta ganar la lotería. Solo usted sabe como se siente, por lo que debe consultar con usted mismo durante el día para como se siente. Solo concéntrate en sentirte bien y observa como la ley de asunción hace su magia.

Aumente su vibración mas rápido

"Muchas personas que ordenan sus vidas correctamente en todas las formas se mantienen en pobreza debido a su falta de gratitud" – Wallage Wattels

Estas creando poderosamente tu relación todo el tiempo. Puede crear intencionalmente su relación con la persona que desea desde el momento en que se despierta. Puede tomar el control de su vida comenzando cada día con pensamientos y sentimientos de gratitud.

Use la gratitud cuando se despierte por la mañana; este agradecido por estar vivo.

Utilice la gratitud por las pequeñas cosas, como plazas de aparcamiento y una taza de café caliente.

Usa la gratitud por todo lo bueno y lo malo. La gratitud trasformara lo malo, sacando lentamente de tu vida para traerte mas cosas buenas.

Es imposible traer una relación a tu vida si te sientes ingrato por lo que tienes. Cuando eres ingrato, tus pensamientos y sentimientos son negativos. Ya sea que se trate de soledad, celos, escasez o sentimientos de insuficiencia, estos sentimientos no pueden brindarle la relación que desea. Solo pueden traerte lo que no quieres. Te impiden recibir tu relación.

Si quieres una relación, pero no estas agradecido por estar soltero ahora, esa es la energía vibratoria que estas enviando

Lo mas importante es estar agradecido como si ya hubiera recibido su relación porque emite un mensaje poderoso al Universo que dice ya la tiene. Da gracias como si estuviera hecho.

Haz de la gratitud tu forma de vida.

EL AMOR ES YA!

"Agradece lo que tienes, terminaras teniendo mas. Si te concentras en lo que no tienes nunca tendrás suficiente" – Oprah Winfrey

CAPITULO 4

CREANDO LA RELACIÓN QUE DESEAS

EL AMOR ES YA!

CAPITULO 4

CREANDO LA RELACIÓN QUE DESEAS

Ahora mismo esta pensando en cuanto desea a la persona especifica que tiene en mente. Sabes lo genial que es. Sabes que los dos trabajarían juntos. Sabes la gran vida que tendrías si finalmente estuvieran juntos. ¿Pero ha pensado en como será la relación una vez que estén juntos?

¿Quiero decir, es genial querer manifestar amor con una persona especifica, pero no quieres todo el kit y paquete?, ¿donde ustedes dos no paran de charlar y tampoco notan el paso del tiempo? ¿La diversión y la risa de las bromas internas que solo ustedes dos reciben? la sensación de paz y control que ambos sienten cuando se miran el uno al otro y saben que están destinados a estar juntos, son almas gemelas, ¿verdad?

Es genial manifestar a una persona específica, si solo te enfocas en la persona, es posible que no obtengas todo lo que deseas.

Necesitas crear **toda** la relación que desea tener con esta persona. Quiero que se sienten y hagan una lista de todo lo que desean en la relación, como:

• Nos apoyamos mutuamente en los buenos y malos momentos.
• Tenemos morales y objetivos similares.
• Somos compatibles mutuamente.
• Siempre puedo contar con que ella estará ahí cuando la necesite.

Pon todo en tiempo presente. Quieres crear esta relación ahora, así que escribe todo como si ya lo tuvieras. También asegúrate de hacer todo en positivo. Por ejemplo, en lugar de "Ella no deja nos platos sucios por ahí", intente "Ella siempre limpia después de si misma". Puede pensar en ello como escribir lo opuesto a lo que usted desea si eso ayuda, es fácil saber qué es lo que no quieres en una relación, aquí están los platos sucios, así que deja que lo que no quieres te muestre que es lo que quieres con solo cambiarlo a positivo

Piense en ello como una lista de la compra. Lo que pones en tu lista de compras, sabes que lo obtendrás en la
tienda. Está ahí para ayudarte a recordar comprar todo lo que quieras.

La lista de tu relación no es diferente. Es una lista que lo ayudara a obtener todo lo que desea. Sepa que lo va a conseguir, con la misma certeza que encontrara huevos o pan en el supermercado. Esta es tu lista de cosas que deseas en tu relación.

No se preocupe por la longitud de su lista. Lo que importa es que diseñes tu relación ideal. Solo tu sabes lo que es importante para ti y tu relación. Si nunca averigua qué es lo que quiere, no obtendrá lo que realmente quiere.

No se preocupe por como haga su lista de la relación que desea, no importa si usa una computadora, un papel y bolígrafo, o un crayón y una libreta de dibujo. Solamente haz la lista.

Ya conoces a la persona que quieres, así que vayamos a comprar el paquete completo: la persona y la relación ideal

¿Estás listo?

No se preocupe por nada que suene demasiado inverosímil. **¡Dispara a las estrellas!** Esta es la relación que esta creando, así que hágala lo mejor que pueda.

Tenga cuidado de convertirse en una lista de relación demasiado obsesiva. Esta ahí como una guía para el Universo, no como una lista la que debería sentirse presionado, para lograrla.

Una vez que haya creado su lista de la relación, revísela una vez al día. Esto le ayudara a concentrarse y mantenerse enfocado en lo que quiere.

"Lo que sea que estés pensando es literalmente como planificar un evento futuro. Cuando estas preocupado, estas planificando. Cuando estas apreciando, estas planificando
¿Qué estás planificando?" - *Abraham-Hicks*

EL AMOR ES YA!

CAPITULO 5

USO DE LA UNIDAD "YO SOY" PARA
OBTENER RESULTADOS INMEDIATOS

EL AMOR ES YA!

CAPITULO 5

USO DE LA UNIDAD "YO SOY" PARA OBTENER RESULTADOS INMEDIATOS

La unidad "YO SOY" es una energía poderosa que puede producir resultados importantes de inmediato. Esto entra en el ámbito de la física cuántica y tratare de hacerlo lo mas simple posible.

Todo, plantas, libros, muebles, caballos... todo lo que vive o no, esta compuesto de energía, la misma energía. Solo hay una energía. Te forma a ti, a mi, todo lo que observas, todo lo que tocas, todo en todo el Universo. Todo esta hecho de estar energía y todos somos parte de ella.

Cada uno de nosotros es uno. Cada uno de nosotros es el indicado. Todos somos uno y, sin embargo, somos seres separados e individuales, que pensamos y actuamos a nuestra manera.

Sin embargo, todos somos UNO. Todo lo que vemos para los demás lo vemos para nosotros mismos. Deténgase y piense en esto por un momento y como afecta sus pensamientos.

Permítanme usar el peso como ejemplo. Si ves a alguien y piensas que esta gordo proyectas el pensamiento de grasa en el y debido a que eres uno con el le agregas mas energía a que tenga sobrepeso y continúe siéndolo, pero, y esto es importante, también proyectas el pensamiento de la grasa en ti mismo. Sabes que tus pensamientos crean entonces ¿qué creaste? ¡Acabas de crear la energía de estar gordo!

Esto no significa que aumentara de peso durante la noche, pero si sigue viendo "gordo" por todas partes, comenzara a verse a sí mismo como gordo. Ya sea que aumente algunos kilos, tenga problema para perder el exceso de lo que realmente tiene, comenzara a cambiar para volverse uno con la forma en que esta viendo la persona que etiqueto como "gorda" Usted engordara, incluso si solo esta en su mente.

Esto puede parecer un ejemplo extremo, pero observe el mundo que lo rodea.
¿Con qué frecuencia oye hablar de la epidemia de obesidad? ¿Con qué frecuencia oye hablar de dietas, ya sean nuevas o de alguien que las sigue?
¿Con qué frecuencia miras a alguien y ves un defecto?

Ahora apliquemos esto a las relaciones.

Cuando ves a alguien que esta en una relación ¿qué piensas? ¿Crees que no se lo merecen? ¿Te sientes triste? ¿Sientes que no durara? Lo que sea que pienses de ella, lo proyectas en ella y en ti mismo. Si crees que ella no merece estar en una relación, te conviertes en alguien que no merece estar en una relación ti mismo. No solo proyectas la energía de "no merecer" sobre ella, sino también sobre ti. Creas una barrera que puede evitar que tengas una relación.

Es lo mismo si crees que ellos no merecen estar con la persona con la que esta; proyectas que no mereces estar con la persona con la que esta sobre ella y sobre ti. Piense en lo que esto significa por un minuto. Si la persona que deseas ya esta con alguien. ¡Involuntariamente proyectaste sobre ti la energía de no merecer estar con la persona que deseas!

¿Ves a dónde va esto?

Si te pones triste cuando ves a alguien en relación, no solo creas tristeza para esa persona, pero lo crea para usted mismo.

Si ves a quien en una relación y crees que no va a durar, le das energía a que la relación de esa persona termine y a que tu estés en una relación que terminara.

Recuerda que tus pensamientos crean, Si los llena de imperfección, creara imperfección. Sin embargo, si tiene pensamientos positivos, creara una vida increíble para usted y para todos los que la integran.

Cuando reúne todo esto y comienza a mirar la energía, la unidad y sus pensamientos, comprende cómo usar sus pensamientos para crear con éxito.

No te sientas en un sofá y piensas en pensamientos perfectos en ese momento.

Vives tu vida viendo que el mundo que le rodea ya es perfecto. Te concentras en la unidad que te rodea. Siéntete conectado con todos y con todo. Véalos como una extensión de usted. Quieres permitirte estar lleno de amor hacia ti mismo y hacia todos y todo lo que encuentres.

Esa energía amorosa solo crea mas amor hacia ti. Incluido el amor de tu persona especifica.

CAPITULO 6

COMO HACER QUE
LA VISUALIZACIÓN FUNCIONE PARA USTED

EL AMOR ES YA!

CAPITULO 6

COMO HACER QUE
LA VISUALIZACIÓN FUNCIONE PARA USTED

Le he dicho cómo sus pensamientos y palabras crean su vida. Ahora es el momento de unir sus pensamientos y palabras de una manera especifica qué le ayudara a crear realmente su relación especial. De esa forma es la visualización.

Probablemente hayas escuchado que la visualización es un componente clave de la ley de la asunción. Tienes que verte a ti mismo teniendo lo que deseas en tu mente para obtener lo que deseas en tu vida.

Hay dos formas generales en las que la gente visualiza. Algunas personas ven imágenes vividas, otras personas simplemente tienen una idea general de la imagen. Ambas formas funcionan siempre que te conviertas en parte de la imagen, viendo y experimentando todo como si realmente estuvieras allí.

Tu mente subconsciente no conoce la diferencia entre lo real y lo imaginado. Cuánto mas real puedas hacer la visualización, más creerá tu mente subconsciente que es realidad y trabajara para transformar el mundo que te rodea.

Además, hacer que su visualización sea lo mas vivida y real posible involucre sus emociones y sentidos, lo que amplifica el poder de la ley de la consciencia para ayudarlo a crear su relación aun mas rápido.

"Todo el mundo visualiza tanto si lo sabe como si no. Visualizar es el gran secreto del éxito" - Genevieve Behrend

La forma correcta de usar la visualización

Como todas las cosas que involucran la Ley de la consciencia, la visualización es un componente clave para manifestar a una persona especifica, pero no cualquier tipo de visualización funciona. La manifestación exitosa depende de la correcta aplicación de la visualización.

Cuando la mayoría de las personas utilizan la visualización, lo hacen como si se estuvieran viendo en una pantalla de cine. Se ven así mismos haciendo los movimientos, siendo recibidos calurosamente por los demás, envueltos en un abrazo amoroso, etc.

Esta no es la forma de usar la visualización para manifestar una relación amorosa. Ni siquiera es la forma correcta de usar la visualización para cualquier cosa que quieras o deseas crear a través de la ley de la consciencia.

Las técnicas de visualización de la ley de la consciencia no son las técnicas ordinarias de la meditación o visualización. La visualización de la ley de la consciencia es más que usar su mente para crear una imagen mental de usted logrando su objetivo.

- No es verte a ti mismo en una plantadla de cine.
- No es pensar "en" tu deseo.
- No se trata en lo absoluto de energía mental.

La visualización de la ley de la consciencia se trata de tu corazón y del uso de la energía del corazón para crear. (cubriré la energía del corazón para crear en el capitulo sobre como usar la energía del corazón para manifestar a una persona específica si que no se preocupe si parece un poco vago este momento).

La visualización de la creación se realiza correctamente para manifestar a una persona especifica, es como una historia de amor. Estas en la escena, viendo como a través de tus ojos, escuchando a través de tus oídos, saboreando por tu boca.

No estas viendo una imagen desde el exterior. Estas viviendo la experiencia como si fuera tan real como la pantalla en la que estas leyendo estas palabras. Es como si tu visualización fuera tu única realidad.

Déjame darte un ejemplo. Si te vieras en una pantalla de cine, te verías saludado por tu amor. Los verías a los dos abrazándose, etc. Con la visualización de la ley de la asunción, escuchas a tu amor saludarte. Sientes la piel de gallina en tus brazos en tus brazos al oír su voz. Sientes sus brazos alrededor de ti, abrazándote. Hueles su piel, sientes su aliento en tu cuello. Lo haces tan vívidamente real como sea posible, tan real que **"sientes"** como si hubieras entrado en una realidad alternativa donde realmente esta ocurriendo.

"Toda transformación comienza con un deseo intenso u ardiente de ser transformado. El primer paso en la "renovación de la mente" es el deseo. Debes querer ser diferente (y tener la intención de serlo) antes de que pueda comenzar a cambiarse a si mismo. Debe convertir su sueño futuro en un hecho presente. Esto se hace asumiendo el sentimiento del deseo cumplido. Buscando ser diferente a lo que eres, puedes crear un ideal de la persona que quieres ser y asumir que ya eres esa persona. Si persiste en esta suposición hasta que se convierte en su sentimiento dominante, el logro de su ideal es inevitable" - Neville Goddard

Ejemplo de visualización

Una de las formas más fáciles de experimentar la visualización de la ley de la consciencia correctamente es recostarse en su cama. Cierra los ojos relájese por completo.

- Imagina que estas acostado en la cama con tu persona especial. Siente las sabanas en tu piel la almohada debajo de tu cabeza. Huele el detergente usado para lavar tus sabanas. Siente la suave brisa que entra por tu ventana mientras se desplaza sobre su piel. Escuche a su pareja respirar suavemente a su lado.

- Gire lentamente la cabeza y véalo acostado a su lado. Estírese y pase su mano lentamente sobre su mejilla. Sienta el calor y la suavidad de su piel. Observa como se abren lentamente sus ojos mientras te sonríen. Saber que esto ya es tuyo. Tienes la relación que deseas con la persona que deseas.

Sumérjase de verdad de la escena. Hágalo tan detallado como desee y durante el tiempo que desee.

Piense desde la visualización de la ley de la conciencia, no en ella. Ponte en la imagen, Míralo a través de tus ojos. En tus sentidos. Sienta el roce de las sabanas y la brisa en su piel. Huele todo lo que pueda, tal vez haya un fuego en una chimenea o un jazmín perfumando fuera de la ventana. Escuche a su compañero en su respiración, el crepitar del fuego o la brisa de que hace crujir las hojas en los arbustos.

Saborea el momento.
Siéntete uno con la visión.
Dale mucho amor.

Mantente conectado y deja que el Universo lo haga realidad. Simplemente disfruta del viaje.

"Nada puede evitar que su imagen adopte una forma concreta, excepto el mismo poder que lo dio a luz, usted mismo."
- Genevieve Behrend

Cómo hacer que sus visualizaciones sean mas poderosas

Si tuviera que hacer una visualización similar al ejemplo anterior todas las noches antes de irse a dormir, seguramente tendrá mucho exijo. Pero si desea hacer que sus visualizaciones sean aun mas fuertes y trabajar mas rápido, entonces desea hacer la siguiente técnica.

Implica escribir el guion de la visualización. Básicamente va a escribir una escena detallada que lo involucre a usted y a su persona especifica haciendo algo que disfrutaría hacer una vez que estén juntos. Siéntate libre de ampliar la visualización anterior si le resulta mas fácil. Simplemente diviertas con ella.

Si hay algo en la lista de la relación que creó anteriormente que describa su relación ideal que funcionaria en su visualización, por su puesto, úselo. Este es un gran lugar para usar su lista.

1. **Tiempo presente**
   Su visualización, utilice el tiempo presente. Por ejemplo, si la persona que desea manifestar se llama Pedro, podría escribir *"Veo a Pedro acostado juntos a mí cuando me escribe"*. Quiere usar el tiempo presente porque quiere crearlo ahora. Si escribe, *"Veré a Pedro acostado a mi lado"*, le esta diciendo al Universo que un día, tal vez dentro de 20 años, estará acostado a su lado. ¿De verdad quieres esperar 20 años para crear el amor de tus sueños? Yo no lo creo.

2. **Cuanto tiempo**
   Su visualización escrita no tiene por que ser muy larga. Solo uno o dos párrafos funcionaran. No quiere que sea tan largo que se convierta en una

tarea para leerlo todos los días, o que tenga problemas para encontrar el tiempo suficiente para leerlo.

3. **Uso de la visualización**

Una vez que haya escrito su visualización, se convertirá en parte de una rutina diaria de manifestación. Es bastante simple y no tardara mucho, así que no se preocupe. Todo lo que tiene que hacer es leer su visualización en voz alta todas las mañanas y noches durante al menos 21 días seguidos. Ciertamente puedes manifestar a tu pareja antes de esa fecha, pero 21 días seguidos realmente pueden cambiar tu energía vibratoria.

Los estudios han demostrado que se necesitan 21 días consecutivos para realizar cambios permanentes en nuestras vidas, como el desarrollo de nuevos hábitos. Lo que estamos haciendo aquí no es solo usar la ley de la consciencia para crear el amor de sus sueños, sino también ponerlo en una posición en la que este energéticamente listo para recibir a la persona que desea.

Una vez más, puedes manifestar tu amor en menos de 21 días, pero no te desanimes sino ocurre, no lo hagas, Siga haciendo la visualización, tendrá éxito.

"La imaginación lo es todo. Es la vista previa de las atracciones venideras de la vida. - Albert Einstein.

4. **Agregando energía**
   Al leer la visualización, asegúrese de usar mucha energía. Este emocionado y feliz. Hazlo realmente edificante.
   Sonreír cuando habla es una manera fácil de agregar energía automática a su visualización. También puede dar una caminata rápida o hacer algunos saltos de tijera de antemano; solo asegúrese de no quedarse sin aliento cuando lea la visualización.
   Escuchar música que te haga realmente feliz también funciona muy bien. Siéntase libre de escuchar música de fondo mientras lee la visualización.

5. **El secreto del éxito**
   Para que esta visualización funcione, debe estar entusiasmado y motivado cuando la lea. Necesitas amar la visualización. Es fácil sentirte así cuando empiezas porque estas muy emocionado y lleno de energia. Pero con el tiempo, es posible que empiece a sentirse aburrido o apático cuando lea la visualización. Esto no le sucede a todo el mundo y puede que no le suceda a usted.
   Pero sí lo hace es muy importante que encuentre la manera de recuperar su energía. Cuanto mayor sea su energía cuando lo escuchas, mas rápido y con mayor certeza funcionara.
   Intente cambiar su rutina, ejercitarse antes de escuchar o realmente establezca el estado de animo encendiendo velas y tocando música.

6. **Grabación de su visualización (opcional)**
Si lo prefiere, puede grabar la visualización y escucharla siguiendo las pautas anteriores. Incluso puede escucharlo mientras esta en su automóvil.

Al hacer la grabación, es posible que desee cambiar a la segunda persona **"usted"**, como si estuviera hablando solo. Por ejemplo, si la persona que desea manifestar se llama Charlie, *"Ves a Charlie acostado a tu lado"*.

También puede agregar su nombre a la visualización si lo desea. Entonces, si tu nombre es María, podrías decir. *"María, sientes que los brazos de Charlie te rodean, acercándote a él en un abrazo fuerte"*.

"Viva su vida con un sublime espíritu de confianza y determinación; ignore las apariencias, condiciones, de hecho, toda evidencia de tus sentidos que niegan el cumplimiento de tu deseo. Descanse en la suposición de que ya es lo que quiere ser". Neville Goddard.

7. **Tablero de visión**
Un tablero de visión es una excelente manera de elevar su energía vibratoria y ponerse en alineación vibratoria para manifestar amor con una persona especifica. Te permite hacer fluir tus juegos creativos, explorar lo que quieres y lo mas importante divertirte. Como ya hemos comentado, sabes que divertirse es una excelente manera de crear rápidamente tu relación amorosa.

Los pizarrones se pueden hacer como póster o como cuaderno. Si lo estas haciendo como póster, necesitaras una cartulina o una hoja grande de papel. Si esta haciendo un cuaderno de tablero de visión. Necesitara una pagina en blanco en un cuaderno. Tanto para carteles como para cuadernos. necesitara tijeras, revistas y pegamento o cinta adhesiva.

En realidad, hacer el tablero de visión es simple solo tendrá que pasar por las revistas y recorte todas las imágenes que le recuerden positivamente su relación y las cosas que le gustaría hacer con su persona especifica. Podrían ser fotografías de una pareja bailando, unas vacaciones que les gustaría tomar juntos, un anillo de bodas, lo que sea que les llame la atención.

Una vez que haya seleccionado sus imágenes, péguelas a su cartulina o cuaderno.

Sugerencia: para hacer que su tablero de visión sea aun más poderoso, incluya imágenes de usted y su persona especifica juntos. Si tienes fotos tuyas y de la persona que quieres donde estén felices juntos, definitivamente inclúyelos. Si no es así, busque una foto de una pareja feliz y amorosa y coloque fotos de sus caras encima de las de la foto de la pareja.

También puede escribir declaraciones edificantes en su tablero de visión, como:

"Estoy en una relación cálida amorosa y comprometida con (inserte el nombre de su persona amada). Nuestra

relación es de respeto mutuo y adoración. Nos divertido juntos, ya que nuestra relación esta llena de risas y amistad".

Cuando haya terminado, coloque su tablero de visión en un lugar donde pueda verlo. Si hizo un póster, puede colocarlo sobre si cama donde lo vera a primera y ultima hora de la mañana, en su refrigerador o cerca de la televisión. Si hizo un cuaderno, simplemente mírelo de vez en cuando durante el día. Al igual que con todas las técnicas de este libro, si el tablero de visión alguna vez se siente menos que inspirador o se convierte en una especie de sentimiento de "Oh, tengo que mirar eso de nuevo". deténgase! Ese es exactamente el tipo de desahogo que tienes que crear a tu chico o chica. energía que precederá.

Si le sucede a usted, deténgase y vuelva a evaluar su tablero de visión. ¿Representa realmente lo que quieres en una relación? ¿Es lo que crees que deberías tener o es lo que quieres tener? Cambie su tablero de visión si es necesario. Haz que funcione para ti.

Simplificando el proceso

Si no tiene revistas u otras imágenes para usar en su tablero de visión, es posible que le gusten las películas mentales. Le permite hacer películas cortas tableros de visión digital lo que desea a como desea parecerse. Puede utilizar sus propias afirmaciones, musical e imágenes o elegir de su extensa biblioteca.

"No es tu trabajo hacer que algo suceda, Es tu trabajo soñarlo y dejar que ocurra. La ley de la asunción hará que suceda. En tu estado de alegría, creas algo y luego mantienes tu armonía vibratoria con el, y el Universo debe encontrar la manera de lograrlo. Esa es la promesa de la ley de la consciencia. - Abraham Hicks.

CAPITULO 7

EL SECRETO PARA MANIFESTAR AMOR CON
UNA PERSONA ESPECIFICA

EL AMOR ES YA!

CAPITULO 7

EL SECRETO PARA MANIFESTAR AMOR CON UNA PERSONA ESPECIFICA

Todos los pasos que hemos seguido hasta ahora conducen a este paso clave.

Todo lo que ha hecho es "crear su lista de relaciones, programar una visualización, etc." Se ha ido construyendo hasta este punto en el pueda ver como va todo junto y como puede usar la ley de la asunción para brindarle esa persona especifica.

Ahora estamos en el punto en el que esta listo para conocer el secreto para hacer que esto funcione.

Es tan simple como esto...

Puedes manifestar amor con una persona especifica, pero debes creer profundamente que puede estar con él o ella. Cuando crea profundamente que puede estar con la persona, será una combinación vibratoria con su deseo.

Asegúrate de entender lo que acabo de decir: será una combinación vibratoria con tu deseo. No a la otra persona, sino a tu deseo.

Tu deseo "**no**" es la otra persona, tu deseo "**es**" tener una relación amorosa con la persona especifica en la que estas mirando. Ésta es la razón por la que sus visualizaciones se refieren a estar en una "**relación**" con el otro. Si simplemente estuviera tratando de manifestar a la persona, podría sentarse y visualizar su rostro durante todo el día. El resultado seria que crearías situaciones en las que te encontrarías al pasar, recibirías una fotografía de él o ella, y así sucesivamente. Pero en realidad no manifestarías amor con la otra persona.

Recuerde: lo que desea es lo que obtiene. Si va a crear instancias en las que vea a la persona o la escuche. Perpetuaría el deseo de estar con la persona en lugar de estar con la persona.

Espero esto empiece a tener sentido para ti. Cuando hay algo que queremos, todo lo podemos pensar es en eso. Cuando lo que queremos es una persona pensamos constantemente en la persona, en estar con ella, en querer que nos ame, etc. Pero si realmente piensas en lo que quieres, en lo que de verdad estas buscando, es una relación de amor con tu persona especifica. Es por eso por lo que "**la relación**" es donde enfocas tu energía para que te conviertas en una combinación vibratoria y la creas en ti.

Permítanme repetir esto: *la relación*, *no la persona específica*. Te ves a ti mismo con la persona, crees que estas en una relación con ella, te sientes tan bien cada vez que piensas en la relación que los dos tienen juntos. Te conviertes en una combinación *vibratoria de la relación*.

Es por eso por lo que necesitaba crear una lista de compras para su relación ideal. Si desea obtener lo que realmente desea, no puede concentrarse en la persona especifica. Tienes que ir por la relación. Tienes que saber qué es lo que quieres para conseguir lo que quieres.

Cuando usted es una combinación vibratoria de su relación, será **uno** con la relación amorosa y con la persona especifica que desea. Y cuando estés en **"uno"** con la relación, en uno con la manifestación de amor con la persona especifica, entonces realmente estarás enamorado de la relación con la persona especifica. **Habrás logrado tu objetivo.**

"Cuando crees en una cosa, créelo hasta el final, implícita e incuestionablemente". - Walt Disney

Convierte en una pareja vibratoria

Para cualquier cosa que quieras ser, hacer o tener en tu vida, debes ser una pareja vibratoria. Esto significa que solo acercas a tu vida aquellas cosas que están el mismo nivel energético que tú. Por ejemplo, el salario que esta ganando actualmente es algo con lo que esta vibrantemente igualado. Es posible que se sienta cómodo con ganar un poco mas o un poco menos, pero un gran aumento en su salario podría ser una exageración. No es que no pudieras obtenerlo. Es que actualmente no eres una pareja vibratoria con él.

Para todo lo que hay actualmente en tu vida, estas en una vibración equivalente a tenerlo. Si su nivel de energía vibratoria subiera o bajara en un grado suficiente las cosas que están actualmente en su vida dejarían paso para que entren las cosas que están mas cerca de su enemiga vibratoria.

Todo lo que actualmente no esta en tu vida no esta ahí porque no eres compatible con eso por vibraciones, Si quieres que este en tu vida tienes que cambiar tu energía vibratoria para igualarla. Por ejemplo, actualmente no estas a la altura de tener una relación con la persona que deseas. Para tener una relación con el o ella debes cambiar tu energía vibratoria.

Entonces ¿como te conviertes en una coincidencia vibratoria con tu deseo?

Empiece por quedarse callado y concentrándose en su interior. Concéntrese en cómo seria tener una relación con esa persona.

Preguntese:
- ¿Alguna parte de su cuerpo se pone tensa?
- ¿Hay algo que le preocupe?
- ¿Tiene miedo de conseguir lo que quiere?
- ¿Le preocupa si pudiera no ser lo suficientemente bueno?
- ¿Tienes alguna duda sobre la relación?

Si sientes algo menos que bueno, no estas a la altura de tu relación vibratoria. En realidad, te estas bloqueando para no tener una relación con tu persona especifica. Tienes que resolver todos estos pensamientos y sentimientos molestos.

Piense en la persona especifica siempre que se sienta bien, sea divertido y fácil. Pero si alguna vez se siente mal, piense en otra cosa. Si piensas en la persona cuando te sientes mal, todo lo que podrás igualar vibracionalmente será la falta de amor que estas experimentando ahora.

Concéntrese solo en las cosas que su persona especifica hace o dice que lo hacen sentir bien.

No repita repetidamente en su mente una y otra vez cualquier cosa que hagan o digan que lo haga sentir menos que bien, preocupándose por si se sienten o no de la misma manera que no te acepten.

No repita su ultima conversación o reunión y lo que podría haber dicho o hecho de manera diferente.

Cuando haces esas cosas estas observando la ausencia de la relación amorosa. Eres tan consciente de tu actual falta de relación con el, que mantienes separado de este en la relación que deseas.

Entonces, cuando te encuentres enfocándote en la ausencia de la relación amorosa, retrocede. Sea mas general y concentres en sentirte bien. Retroceder para enfocarse de una manera mas general permite que las cosas fluyan nuevamente. Ya no estas manteniendo la relación que quieres lejos de ti, así que relájate.

Deja de esforzarte tanto, Deja de intentar alejarte de donde estas ahora.

Recuerda que no puedes pasar el tiempo pensando que serás mas feliz una vez que estés con ella o una vez que el diga que quiere pasar el resto de su vida contigo. Mientras creas que será mas feliz en algún otro momento presente, no podrás llegar a donde quieres estar. Cuando estés feliz de estar "aquí" y disfrutar de su vida tal como es ahora, se encontrará "allá" y en la relación amorosa que desea.

Tienes que concentrarte en ti mismo, sentirte lo mejor que puedas y hacer de tu relación contigo mismo una prioridad, Cuando hagas eso, todo lo demás encajara en su lugar

"Uno de los mayores escollos al intentar utilizar la ley de asunción es centrar la atención en las cosas, en una nueva casa, un mejor trabajo, un saldo bancario mas grande... [NO] es la cosa en si; es la consciencia, la sensación de ser ya la persona que quieres ser,
de tener ya lo que deseas. "- Neville Goddard

CAPITULO 8

CÓMO USAR LA ENERGÍA DEL CORAZÓN
PARA MANIFESTAR MÁS RÁPIDAMENTE A
UNA PERSONA ESPECIFICA

EL AMOR ES YA!

CAPITULO 8

CÓMO USAR LA ENERGÍA DEL CORAZÓN PARA MANIFESTAR MÁS RÁPIDAMENTE A UNA PERSONA ESPECIFICA

Para comprender el secreto de usar la ley de la asunción para el amor con una persona especifica es necesario comprender la diferencia entre la energía de la mente y la energía del corazón.

Su cerebro esta dividido en dos partes: el hemisferio izquierdo y el hemisferio derecho. Estos dos lados están asociados con lo femenino y masculino, la ciencia y las artes. Cada lado representa una forma diferente de hacer las cosas. Cada lado necesita estar conectado para que la manifestación funcione.

59

Pero es esencial que comprenda que el secreto para hacer que la ley de asunción funcione es mas que simplemente usar su cerebro. También debes conectarte con tu corazón porque tus emociones transforman el pensamiento en acción.

Antes de nacer, cuando todavía se estaba desarrollando con el útero de su madre, su corazón latía antes de que se formara su cerebro. Tu corazón y su energía vienen antes que tu mente y su energía. La energía del corazón tiene mas que ver con todo el proceso de la ley de asunción que con la energía de la mente.

Veras, eres un imán con la capacidad de atraer hacia ti cualquier cosa que imaginas.

A través de la ley de asunción tus pensamientos positivos y tus pensamientos negativos. Tus pensamientos forman las palabras que dices, dando a tus palabras el poder de crear.

La mayoría de los maestros de la ley de asunción le dicen que controle sus pensamientos, que reprograme su subconsciente. Controla tus pensamientos, usa la energía de la mente para crear.

Eliminar las creencias limitantes utiliza la energía de la mente para crear. La reprogramación de su subconsciente utiliza la energía de la mente para crear.

Y aunque esto produce resultados por un tiempo, se esta perdiendo la clave para hacer que la ley de la asunción funcione sin esfuerzo todo el tiempo.

Cuando usas la energía mental para crear con la ley de la asunción, estas haciendo todo el trabajo tu mismo.

No querrás intentar hacer esto por tu cuenta. E s demasiado difícil, lleva demasiado tiempo y no siempre funciona. Quieres usar la energía del Universo

Haces eso con la energía del corazón. La energía del corazón es la clave para hacer que la ley de la asunción funcione en una persona especifica.

"El sentimiento de amor es la frecuencia mas alta que puedes emitir. Cuanto mayor es el amor que siente y emite, mayor es el poder que esta aprovechando". -Rhonda Byrne

Explicación de la energía del corazón

La energía del corazón es un tipo de energía simple, acogedora, amorosa, que da todo, que recibe todo. Es una energía vibratoria de banda muy ancha que es la mas fuerte de la energía mental. Es fácil de captar y comprender porque es ese elemento de amor que ya comprendes, conoces y quieres tener.

Te sientes bien y capaz cuando tienes la energía del corazón llena de amor. Esta energía amorosa puede ser sobre cualquier objeto o cosa que desees. Encuentra lo que te ayude a llenarte de energía del corazón y deja que el te llene. Si pensar en una manzana te ayuda a tener mas energía del corazón, piensa en esa manzana.

La energía del corazón te acerca al Universo. Permitir que se expanda en su ser, trayendo fuego y luz dentro de usted, le permite volverse completo y uno nuevamente. Expandiendo fuera de su cuerpo le permitirá acercase y tocar a otros.

Envía energía del corazón a la persona que quieres manifestar. Permita que la energía de su corazón la toque. El lo notara. Es posible que no reciba una llamada telefónica inmediata o una señal de que el lo sintió, solo sepa que su energía lo toco y lo abrió para recibir más amor. Recibirás amor del mundo que te rodea y si prestas atención, puedes sentir que el amor vuelve a ti de el.

Guía para expandir la energía del corazón

Piense en su corazón como una herramienta que conduce energía no solo para usted y para usted, sino también la conduce lejos de usted. La energía es algo que se mueve a través de las cosas, dentro y fuera de las cosas. La energía que se crea dentro de su corazón se puede mover a otros lugares. Puede enviar energía del corazón de una manera que le permita tocar a otros, lo que le permitirá vibrar a personas especificas hacia usted.

Intente ver la energía del corazón como un rayo de luz, como una corriente o como un hilo plateado en espiral que sale de su corazón y viaja hacia la persona que desea crear. Puede que no vea la energía del corazón tocar a la otra persona, pero lo hace.

Cuando la energía del corazón toca a alguien, lo afecta. tienen la opción de recibir la energía y llevarla adentro o permitir que pase a través de ellos. Incluso si pasa a través de ellos, los toca de alguna manera.

Enviar energía del corazón a una persona le permite recibir sus sentimientos de bondad y amor, y los inspirara a hacer más y confiar mas.

Así que trata de enviar estos rayos de amor en espiral, esta energía del corazón, a la persona que deseas manifestar.

Cuanto mas pueda confiar en su capacidad para hacer esto, mas automáticamente enviara y proporcionara esta información a otros.

Permítase intentar hace estos muchas veces durante el día y vera que enviar energía del corazón será cada vez más fácil.

"El noventa y nueve por ciento de lo que eres es invisible e intocable". - R. Buckinster Fuller.

Como la energía del corazón acelera la ley de la asunción

La energía del corazón les da a sus pensamientos la energía para cobrar vida, y la energía del corazón más poderosa que existe es el amor.

Solo necesitas concentrarte en tres cosas para que funcione:
* Envuelve cada pensamiento que tiene en el amor.
* Siéntete rodeado de amor.
* Siente amor por todos y por todo.

En pocas palabras irradia amor

Ahora esto requerirá practica, pero como en todas las cosas, la practica conduce al dominio.

Al principio, es posible que deba reservar cinco minutos aquí y allá durante el día para aprovechar la energía de su corazón. Pero con el tiempo, tal vez unos días o unas semanas, será mas natural. La energía de tu corazón crecerá tan fuerte que irradiará amor sin intentarlo. Sucederá y cuando suceda...

Tu vida se transformará.

"Es la combinación de pensamiento y amor lo que forma fuerza irresistible de la ley de la asunción" - Charles Hannel.

Cuando tu corazón esta abierto y envías energía del corazón, te abres para permitir que se abra más energía del corazón y regrese a ti. Cuando diriges la energía de tu corazón hacia una persona especifica, atraes la persona a ti mas rápido que si usaras solo la energía mental.

La energía del corazón te eleva naturalmente a una alta vibración y te permite liberar el apego a tus deseos. Cuando te rodeas de la energía del corazón, las dudas, los miedos, las preocupaciones y la resistencia desaparecen al convertirte en uno con el Universo. Una vez que estas rodeado de energía del corazón, enviar energía del corazón a la persona que quieres le da a tu deseo una enorme cantidad de energía que lo alineara directamente hacia ti.

Cuando usa la energía del corazón de esta manera, naturalmente se enfoca en la abundancia y todo florece a su alrededor. Cuando sientes el deseo en tu corazón, como si fuera parte de ti alcanzas un estado de unidad que puede causar una manifestación instantánea. Cuando esto sucede, es mas importante que nunca mantener expandida la energía de su corazón. Existe una tendencia natural a querer detenerse y dejarlo, pero esto solo bloquea y le impide recibir esa persona específica. Quieres permitir que la energía del corazón continúe fluyendo a través de ti y que se concentre en la persona que te rodea, y en la relación que deseas.

Cuando usas la energía del corazón, debes sentir una paz amorosa en todo y dentro de ti y a tu alrededor. Debes sentirte conectado con el mundo que te rodea.

Debería sentir que los juicios se desvanecen a medida que comienza a percibir las cosas a su alrededor de manera diferente porque ahora esta mirando al mundo con su corazón, no con su mente.

Estas muy expandido y abierto a manifestar a una persona especifica. Las cosas comenzaran a suceder con sincronicidad, simplemente encajaran sin esfuerzo. No estas tratando de manifestarlo por ti mismo. La energía del corazón lo esta haciendo por ti.

"Recuerde, y esta es una de las declaraciones mas difíciles y maravillosas de comprender. Recuerde que no importa cual sea la dificultad, no importa donde este, no importa quien se ve afectado, no tiene paciente mas que usted mismo; no tiene nada

que hacer solo debes convencerte de la verdad que deseas ver manifesta" -Charles Haanel

CAPITULO 9

¿POR QUÉ TODO ESTO SE TRATA DE TI?

EL AMOR ES YA!

CAPITULO 9

¿POR QUÉ TODO ESTO SE TRATA DE TI?

He cubierto muchas cosas sobre la persona que quieres manifestar: como será tu relación, como usar la visualización y la energía del corazón, el poder de tus palabras y pensamientos, Aunque todos estos son componentes esenciales para manifestar a una persona especifica, hay una cosa clave que necesita entender sobre la ley de asunción, cuando se trata de manifestar a una persona especifica la ley de asunción funciona centrándose en ti. No se trata de la otra persona. Es sobre ti.

"Dentro de las relaciones es importante comprender primero quien entra en la relación, y no solo tu pareja. Primero debes comprenderte a ti mismo" - Lisa Nichols

A veces, esta puede ser la parte mas difícil de comprender de la ley de asunción, porque cuando hay alguien a quien amamos o nos atrae, es todo en lo que podemos pensar. Creemos que la solución esta en usar la ley de asunción para que la persona nos ame o se fije en nosotros. Pero la ley de la asunción es acerca de ti - tus pensamientos tus sentimientos, tu vibración, entonces ¿como te enfocas en ti mismo para que la ley de asunción pueda traerte a la persona que amas? Algunas cosas especificas que puede hacer son:

1   **Tener confianza en sí mismo.**
Eres una persona increíble. No hay nadie como tú en este planeta. Tienes la capacidad de hacer realidad todos los deseos que hayas hecho. Puedes ir a donde quieras. Puedes invocar el amor de tu vida. Puedes tener la relación más amorosa y magnifica. Puedes tener, hacer o ser cualquier cosa y todo lo que quieras. Te das cuenta de la gran persona que eres. Sabes que no importa lo que los demás piensen de ti. No tienes que agradar o querer a alguien más porque ya eres fantástico. Eres adorable, capaz y exitoso. Eres libre de ser tú mismo y divertirte. Estas completo, Amate a ti mismo. Se nota cuándo lo haces.
Cuando te amas a ti mismo desarrollas una relación positiva contigo mismo o generas una

confianza en ti mismo que es irresistible. Atraerás gente hacia ti.

La vida es muy divertida cuando te permites ser exactamente quien eres. No es necesario tratar de ser perfecto todo el tiempo o enfadarse cuando los demás no actúan a la perfección. Ama todo de ti sin necesidad de perfección. Deja que tu verdadera esencia brille. Cualquier defecto o imperfección que pueda tener probablemente será lo que mas le gustara a su pareja de usted.

Así que mantén la cabeza en alto, echa los hombros hacia atrás y camina por la vida con confianza. La persona a la que quieres tener se dará cuenta.

También tenga en cuenta algo que, si hay algo sobre usted con lo que no esta satisfecho, ya sea un rasgo de personalidad o su apariencia, estos pueden ser obstáculos importantes para manifestar a una persona especifica. Si no manifiesta a la persona tan rápido como le gustaría, puede convencerse falsamente de que no ha aparecido debido a su defecto percibido o su apariencia. El problema real es que no esta listo o abierto a que la persona este con usted. Amate a ti mismo exactamente como eres y vibraras como lo que deseas y el te amara y aceptara exactamente como eres.

2   Concéntrese en lo positivo

Deja ir todos tus pensamientos negativos, tales como "es difícil encontrar alguien", "por que no ven lo buenos que soy" y "nadie me amara jamás" Tienes muchas cualidades excelentes que te hacen tan digno del amor y la atención de los demás. Otros lo notan y aprecian. Hay amor a tu alrededor. Déjalo entrar. Cuando lo dejas entrar y te concentras en lo positivo, cambias tu vibración y abres una puerta para dejar entrar a la persona que quieres.

Encuentra la pasión. ¿Que haces que te hace feliz? ¿Disfruta de la jardinería, trabajar con madera, leer historias de misterio y descubrir al asesino antes que el autor se lo cuente? Encuentra algo que encienda un fuego en tu interior. Encuentra algo que te inspire a dar lo mejor de ti. Encuentra algo que te haga querer hacer mas y ser mas.

Recompénsese por sus esfuerzos. ¿Ha logrado algo que nunca pensó que seria capaz de hacer? Dígase a si mismo **"gracias"**. y date un capricho. (un baño en un largo baño caliente, un postre especial, unos momentos tranquilos lejos de todo.) ¡Adelante! ¡Te lo mereces!

3 **Ama sin miedo a salir lastimado**

Para muchos de nosotros, lo más aterrador del amor es abrirnos a el. Cuando te abres a amar a alguien, existe la posibilidad de que te lastimen: puedes ser rechazado, perder tu amor, sentirte avergonzado, lo que sea. Incluso puede haber una pequeña voz en el fondo de tu cabeza que te dice todo lo que podría salir mal, así que ¿por que empezar?

Muchas personas han experimentado dolor por perder a alguien que amaban y aun pueden sentir el dolor hoy. Este dolor y su miedo a que vuelva a suceder pueden evitar que se abra de nuevo al amor.

La clave es recordar que todo sucede por una razón. Este dolor ocurrió para ayudarte a crecer y convertirte en la persona que necesitas ser para tener la relación que deseas.

Si tienes miedo de lastimarte, inconscientemente podrías estar impidiendo que alguien se acerque a ti tanto como quieras. Este dispuesto a correr el riesgo y abrirse completamente al amor. Solo cuando lo hagas, encontrarás el amor que deseas.

Para ayudarlo a abrirse al amor, haga una lista de las razones por las que tiene miedo de entablar una relación amorosa. Luego haga otra lista de como se sentiría tener una relación amorosa y duradera. ¿Que lista te gusta? ¿Que lista quieres que tenga vida? ¿Que lista te acerca en tu a lo que deseas? Utilice las técnicas de este libro para pasar a la segunda lista: el deseo de una relación amorosa duradera.

4   Diviértete

Las personas se sienten mas atraídas por las sonrisas y las risas. Cuando la estas pasando bien, los demás se dan cuanta y quieren estar contigo. Así que haz las cosas que te hacen feliz… ya sea ser un video divertido, ir al cine o ir a tu parque favorito a almorzar. Disfruta tu vida.

Amate a ti mismo y haz lo que amas.

¿Si usa zapatos que le duelen tanto los pies que le resulta difícil sonreír al final del día, por que se siente miserable con zapatos en los que el diseñador probablemente no pudo meter el dedo gordo del pie? Si usar zapatos menos de moda te haría feliz todo el día, úsalos. La persona que desea crear notara y se preocupara más por la sonrisa en su rostro que por los zapatos en sus pies.

Accidentalmente derramas cafés en tu camisa, creas una historia fantástica sobre la velocidad del viento y los extraterrestres que no podrían ser sonrientes. No es cierto, pero te hace reír a ti y a los demás.

La clave es disfrutar de tu vida. Diviértete con eso!

Apóyese en todo lo que haga, incluso si esta saliendo de su zona de confort.

¿Has querido saber bailar al vals o el tango, pero no lo hiciste porque no quieres que alguien te reconozcas y te vea tontear por la pista de baile? Encuentre una clase al otro lado de la cuidad cercana. Inscríbete! ¡Mueve los pies y baila! Si ves a alguien mirándote, recuerda que es porque quieren ser como tu y bailar. ¡Eres un ejemplo para ellos de lo que significa divertirse y disfrutar de la vida!

¿Quieres teñir tu cabello de un color completamente diferente? ¡Ve a por ello! ¿Qué es lo peor que puede pasar? Si lo desea, el cabello crecer y el tinte se desvanece. no es así?

Mi madre siempre tuvo pelo largo hasta la cintura. Siempre tuvo miedo de no obtener un buen corte, por lo que nunca se lo corto o peino profesionalmente. Un día decidió cortárselo. Se quedo súper corta, menos de una pulgada. Ella dono su cabello para hacer pelucas para pacientes con cáncer. El corte de pelo fue tan popular que recibió un complemento tras otro, e inspiro a otros a cortarse el cabello también. Meses después, sigue cortando el pelo igual de corto y se pregunta por qué tenia tanto miedo de hacerlo antes.

No se abstenga de hacer las cosas que quiere hacer. No dejes que el miedo te detenga.

No dejes que tus pensamientos sobre lo que podría salir mal te detenga.

Arriésgate y es posible que te sorprendas gratamente. Cada vez que sales de tu zona de confort y superas el miedo. Cada vez que te diviertes y expresas quien eres. Elevas tu nivel de vibración.

A medida que aumenta su nivel de vibración, su poder de manifestación se expande y aumenta la capacidad de la ley de la asunción para crear hacia usted el amor que desea.

5 **Vea lo positivo en la persona que desea manifestar** Concéntrese en las cosas buenas de la persona en la que esta atento. Busque algo para apreciar. Esto puede ser difícil si hay sentimientos negativos entre ustedes dos, y es posible que solo pueda encontrar una cosa al

principio, pero si continúa trabajando en el lo, será mas fácil. Si ya tiene una relación con la persona, mientras se concentra en lo bueno cosas sobre el, deberías empezar a ver que su comportamiento cambia y que las cosas mejoran entre lo dos.

Recuerde que tiene derecho a vivir su vida exactamente de la manera que elija. Tu única responsabilidad es como estas actuando y que estas haciendo al respecto.

Es posible que haya tenido algunas experiencias con el que desearía que fueran diferentes. Si tuviese malas experiencias son solo experiencias. No son su verdadera esencia. Su verdadera esencia es la bondad. Necesitamos experiencias para crecer, pero nuestra verdadera esencia siempre parece igual.

A menudo somos críticos con los demás porque nos criticamos a nosotros mismos. Todo lo que aceptamos como negativo en otro, también lo aceptamos para nosotros mismos. Cuando mas te ames y te aceptes, menos critico seas con los demás.

Ser critico es una energía vibratoria lenta. Hace que la energía de su corazón se cierre y su capacidad para manifestarse disminuya. La critica empuja lentamente a las personas y las cosas fuera de nuestras vidas. Si estas criticando a la persona que quieres, manifiestas eso por no ver lo maravilloso que eres, te estas criticando por no ser lo suficientemente bueno, o estas criticando a las personas o los problemas por ser obstáculos para estar con la persona que amas, la critica esta alejando a tu persona especifica.

Recuerde, sus pensamientos y palabras tiene la capacidad de crear. Cuando estas criticando, estas usando tus pensamientos y palabras para crear escenarios desagradables. Te estas impidiendo manifestar la relación que deseas.

Ama y aprecia todo sobre ti y las personas y cosas que te rodean.

No estas separado de nadie ni de nada. Todos somos uno. No estas separado de la persona que deseas manifestar, incluso si esta con otra persona. Sigues siendo uno con el... y eres uno con la persona con la que esta. Si ha sido critico o en juicio no comience a criticarse por hacer esto. Puede detener completamente la ley bloqueando tu energía y bajando tu vibración. Simplemente acepta lo que paso y sigue adelante. Continúa bañándote de amor y apreciando la persona valiosa que eres.

6 Aprecia el contraste

Alégrate por lo que tienes. Olvídate de las cosas que estas deseando. Una vez que puedas ser feliz en el momento, las cosas que deseas comenzaran a encajar, incluida tu vida amorosa.

A veces es difícil disfrutar de lo que tenemos ahora porque pensamos que nos falta algo. Si estas usando la ley de la asunción para manifestar a tu persona especifica, eso debe significar que no esta contigo en este momento. Sin embargo, a pensar que ella no esta contigo solo hace que la ley cree que ella no este contigo.

Pide lo que quieras y déjalo ir para que te llegue. Dejar ir significa disfrutar lo que tienes ahora y estar agradecido por ello. Ese agradecimiento abre la vida a la persona que quieres en el espacio para que entre en tu vida y la comparta contigo. Agradece que tú tienes espacio para ellos y que están allí compartiéndolo con usted ahora.

Esta es la ley de la asunción. **Aprecia lo que es y aprecia lo que será como si ya existiera.**

Sepa que todo esta bien. Sumérjase en este conocimiento. Se siente asombroso.

7 **Sea la persona que necesita ser**

Quiero que realmente te mires a ti mismo y a tu vida. Sea completamente honesto. Sin excusas, justificaciones, culpar a otros quejarse. ¿Eres la persona que necesitas para manifestar la persona que deseas? ¿Eres la persona que necesitas ser para tener la relación que deseas? No es solo como te sientes contigo mismo lo que hace vibrar a alguien hacia ti. También es la forma en que te ves siendo ya esa persona. Tienes que ver y sentir el papel. ¿Como quieres que te vean en tu casa? ¿Como quieres que te vean con la ropa que usas? ¿Su escritorio o área donde trabaja se ve como si los diablillos verdes hubieran tenido una fiesta: comida, papeles apilados o desordenados, plantas u hojas muertas? Límpielo ¿Parece que no se ha bañado en días? ¿Tu armario huele a casillero de gimnasio o a botella de perfume derramada? ¿Hay espacio en tu armario para que cuelgue su ropa? ¿Su cama es lo suficientemente grande para que dos personas duerman cómodamente? ¿Qué necesita cambiar para que coincida con la vibración de la persona que está tratando de atraer? No tiene que ser un diseñador famoso de la ley de asunción y gastar miles de dólares para obtener todo nuevo. No tienes que ser el mendigo de la cuadra e ir a ventas de garaje, mercados de pulgas o pintar o rehacer tus propias cosas. A menos que quieras...

Simplemente está limpiando la energía en su entorno y presentación para que tenga espacio en su vida para otra persona, y para que sea la persona que necesita ser para atraerla. Si la persona que quieres manifestar es tu ex y cuando estaban juntos hubo discusiones sobre algo, considera eliminar el artículo de tu vida ahora si es posible. Si se trataba de un animal o de la porcelana favorita de su tía Paola y desea conservarla, asegúrese de incluir algo en la lista de relaciones que indique que este artículo es aceptable.

"El ideal que buscas y esperas alcanzar no se manifestará por si solo, no será realizado por ti, hasta que hayas imaginado que ya eres ese ideal. No hay escapatoria para ti excepto para una transformación psicológica radical de ti mismo, excepto tu - sumisión del sentimiento de su deseo cumplido. "-
Neville Goddard

8 Esté dispuesto a dejar ir a la otra persona

Esta es una de las partes mas difíciles de la ley de asunción. Sabes que quieres estar con él, pero ahora te dicen que estés dispuesto a perderlo. Loco, ¿verdad? solo cuando estés de acuerdo con no estar con él, abres el camino para que la ley de asunción lo traiga a ti. Hasta que estés de acuerdo con no estar con él, una parte de ti se resiste y te hace imposible tener lo que quieres. Esto significa, de acuerdo con la ley de asunción, que hasta que estés de acuerdo con la posibilidad de perderlo, será difícil para ti tener la relación que deseas con él. Tienes que estar de acuerdo con no tenerlo.

Sé que esto no es fácil. Sé lo difícil que es. Es por eso por lo que, cuando se trabaja con la ley de asunción, es mejor decir: "Quiero X o algo mejor" o "Quiero una relación con mi amado o algo mejor". Porque, ¿que tal y si pudieras tener algo mejor? ¿Qué pasaría si pudieras estar con alguien que no quisiera pasar un día sin ti en lugar de alguien que solo puede dedicarte tiempo solo algunos días?

Pero lo que sea que decidas hacer, concéntrate en hacer lo que te haga feliz. No se preocupe por cómo van las cosas con su persona específica todo el tiempo.

Preocúpate por ti mismo, mímate, cuídate, déjale ver lo que esta perdiendo. La ley de la asunción te traerá el amor que deseas.

Debe actuar y moverse en la dirección de la persona que desea manifestar. Hacer el trabajo de este libro te da una enorme cantidad de energía para manifestarlo, y él se manifestará en tu vida. Vaya en su dirección, pero **desapéguese** del resultado. Cuando te sientes tan increíblemente maravilloso y completo acerca de la manifestación de tu relación que ya no importa si aparecerá, es cuando tu manifestación estará completa y aparecerá. No es que dejes de preocuparte por si manifiestas la relación. Es que su relación está completa en un 99,99% antes de que se manifieste. Lo único que queda es que aparezca. Simplemente sabes con absoluta certeza que ya es tuyo. No tienes ninguna duda. Tienes absoluta certeza de que tu deseo se cumple. Realmente lo está sintiendo porque simplemente "sabe" que es suyo. Sabes que ya sucedió a pesar de las apariencias externas.

Piense en ello como hacer un pedido en un restaurante. Le dices a la mesera exactamente lo que quieres y confías en que lo obtendrás cuando esté listo. No vuelves a ver al chef para asegurarte de que lo esté preparando. No le preguntas si puedes ayudarlo a hacer algo. No llamas a la mesera cada 2 minutos para preguntarle cómo van las cosas o cuándo estarán listas. Solo sabes que cuando sea el momento adecuado, te lo traerán. Ya es tuyo.

"Sin duda para algunos, la idea de darse tanto amor a uno mismo les parecerá muy fría, dura y despiadada. Sin embargo, este asunto puede verse bajo una luz diferente, cuando descubramos que " buscar el Número Uno ", como lo indica el infinito, realmente está pendiente del Número Dos y de hecho es la única forma de beneficiar permanentemente al Número Dos ". - Prentice Muflord

CAPITULO 10

TÁCTICAS ESENCIALES PARA CONSEGUIR
QUE TU EX VUELVA

EL AMOR ES YA!

CAPITULO 10

TÁCTICAS ESENCIALES PARA CONSEGUIR QUE TU EX VUELVA

Nunca es algo que alguien quiera que suceda. Sin embargo, son demasiado comunes. Siempre es terrible cuando alguien nos deja, pero es posible recuperar a tu ex. Como sabes, la gente vuelve a estar junta todo el tiempo. Entonces, si desea recuperar a su ex, definitivamente debe usar las técnicas proporcionadas en este libro para manifestar a una persona específica, pero también necesita hacer algunas cosas adicionales. Puede que no siempre sean fáciles, pero ayudarán a asegurar que lo recupere.

"¿Con qué frecuencia te preocupas por el momento presente? El presente suele estar bien. Si te preocupas, o estás agobiando el pasado que deberías haber olvidado hace mucho tiempo, o estás aprensivo sobre el futuro que ni siquiera ha llegado todavía.

Tendemos a pasar por alto el momento presente, que es el único momento que Dios nos da a cualquiera de nosotros para vivir. Y si vives el momento presente, no tiendes a preocuparte ". - Peace Pilgrim *(Mildred Norman Ryder)*

¿Le estás dando a tu ex el trato silencioso?

Si eres como la mayoría de la gente, todavía estás contactando a tu ex. Si quieres recuperar a tu ex, debes dejar de contactarlo. Simple y llanamente. ¡Deja de contactar a tu ex! Sí, lo sé, no quieres que te olvide. Lo extrañas. Quieres que ella sepa cómo te sientes. Créame, lo entiendo. Pero no importa. Necesitas que tu ex te extrañe.

Déjame repetirlo: necesitas que tu ex te extrañe.

Tu ex no puede extrañarte si sigues llamándolo, enviándole mensajes de texto, yendo a su casa o cualquiera de las otras cosas que todos hacemos después de una ruptura. Necesita saber lo que ha perdido al dejarte ir, pero no puede aprender eso si todavía estás cerca. Ella necesita saber que nadie puede tratarla tan bien como tú, pero no puede descubrir eso si todavía la estás cuidando. Por supuesto, si todavía tienen obligaciones el uno con el otro, cómo cuidar a los niños, esta es una excepción y debe tener contacto, pero no tiene que limpiar la casa, lavar la ropa, reparar su coche y pagar sus facturas.

A menos que tengas una obligación compartida, siempre que sigas contactando a tu ex, estás persiguiendo a tu ex. Tienes miedo de perder a tu ex. Tengo que decirte que todos estos sentimientos y acciones simplemente alejan más a tu ex. Si quieres recuperar a tu ex, tienes que dejarlo en paz. Deja de rastrearla en Facebook. Deja de pedirle a tus amigos actualizaciones sobre él. Si tienen hijos juntos, no los use intencionalmente como una excusa para pasar más tiempo juntos, inventando problemas en las escuelas, enfermedades, etc.

Recuerde que la ley de asuncion se trata de cómo sus pensamientos pueden crear. sigues pensando que lo estás perdiendo, estás creando un mundo en el que lo estás perdiendo. Si te preocupa que vea a otra persona, estás creando un mundo en el que ella está viendo a otra persona. Si sigues persiguiendo a tu ex, estás manifestando más "persiguiendo a tu ex". Si dejas a tu ex en paz, si dejas de decirle cuánto lo extrañas, si dejas de conducir por su casa, no estás aumentando tus posibilidades de perderlo como temes. Estás haciendo todo lo contrario. Le estás dando a tu ex la oportunidad de echarte de menos y de ser el que vendrá después de ti.

¿No te gustaría ser perseguido?

¿No te gustaría que tu ex quisiera ser tú tanto como tú quieres estar con él?

¿No te gustaría que tu ex estuviera contigo porque ha tenido tiempo de darse cuenta de lo mucho que significas para ella?

Entonces, dale a tu ex el tiempo y el espacio para que esto suceda. No digo que no puedas volver a contactarlos nunca más. Solo digo que espere al menos 3 semanas, preferiblemente 6 semanas.

Siempre queremos lo que no podemos tener. Dale tiempo a tu ex para que se dé cuenta de que no te tiene para que pueda quererte. Dale tiempo para saber cuánto significas para ella. Atrae a tu ex hacia ti. No tienes nada que perder.

Cómo pasar el tiempo

Mientras le das tiempo a tu expareja para que te extrañe, no te quedes sentado y pienses en cómo no lo estás contactando. Tienes que salir y hacer algo que disfrutes: ir a bailar, ver una película, tomar una clase de cocina. Sea lo que sea, haz algo que te haga sentir bien. Esto aumentará tu energía vibratoria y ayudará a atraer a tu ex hacia ti. Hablé anteriormente sobre la importancia de sus sentimientos y cómo afectan la ley. Es cuando te sientes bien cuando las cosas se manifiestan. No tiene que concentrarse específicamente en lo que quiere cuando se siente bien. Simplemente sentirse bien solo lo hace.

Por ejemplo, no tienes que concentrarte en sentirte bien mientras piensas en tu ex para manifestarla en tu vida. Simplemente sal y diviértete y automáticamente cambiarás tu energía vibratoria para permitir que tu ex regrese a ti. Esto es lo que pasó con el príncipe Guillermo y Catalina, duquesa de Cambridge. Antes de casarse, hubo un tiempo en que no estaban juntos. Catherine no puso su vida en espera solo porque perdió a su príncipe. No siguió llamándolo, enviándole mensajes de texto o enviándole correos electrónicos. No se quedó en casa llorando porque no estaban juntos. Ella salió y se divirtió. Ella fue a bailar e hizo todas las cosas que disfrutaba. Vivió su vida y se concentró en sentirse bien. No pasó mucho tiempo antes de que William la llamara y volvieran a estar juntos. El resto es historia.

Cenicienta consiguió al Príncipe soltándolo y divirtiéndose. ¡Usted también puede!

Qué debes hacer cuando tu ex te contacte

Si le has dado a tu ex la oportunidad de extrañarte, es probable que se comunique contigo ... después de que haya tenido la oportunidad de extrañarte. No te desesperes ni te asustes cuando tu ex se ponga en contacto contigo. No se preocupe si le toma algunas semanas comunicarse con usted.

Puede tomar tiempo que te extrañe, especialmente si te has estado contactando con él todo el tiempo después de tu ruptura. tu ex te contacta, ten confianza. Puede que estés saltando de alegría por dentro, pero recuerda que esto es solo el comienzo. Sea cortés y entable una conversación amistosa. Sonría cuando hable para que parezca alegre, sin importar cómo se sienta por dentro. Hágale saber que lo ha estado pasando bien sin él. Solo dedique unos 10 minutos al teléfono y luego vaya cortésmente porque tiene algo divertido que hacer.

No importa si realmente tienes algo que hacer o no. Se trata simplemente de crear un aire de misterio y hacerle saber a tu ex que no dependes de él para tu felicidad, lo que la mayoría de la gente encuentra irresistible.

Si tu ex te pregunta si has estado saliendo con alguien, no tienes que responder. Tu ex te dejó ir sabiendo muy bien que podría perderte. No le molestó lo suficiente quedarse contigo. Puedes salir con otras personas si quieres. No se necesita explicación.

Si tu ex quiere verte, acepta verlo cuando se ajuste a tu horario. no es necesario que dejes todo y reorganices tu vida para encajarla. Ella es tu ex y ya no es una prioridad en tu vida.

Qué debe hacer cuando su ex no se pone en contacto con usted.

Si han pasado 6 semanas y han tenido noticias de su ex, quiero que realmente se detenga y piense si lo quiere de regreso. ¿Es ella realmente alguien sin quien no puedes vivir? ¿Todavía quieres estar con él? ¿No es así?

Si lo hace, envíele un correo electrónico o mensaje de texto informal. Por casual me refiero a algo como si la dama y el vagabundo es su película favorita, enviarle un mensaje que diga: "Acabo de ver la dama y el vagabundo y me hizo pensar en ti. Espero que estés bien".

Es un mensaje amistoso y no amenazante que es difícil de no responder para tu ex. Si ha estado utilizando constantemente las técnicas incluidas en las páginas de este libro, la respuesta puede llegar rápidamente. Cuando reciba una respuesta, siga las tácticas anteriores. Si no obtiene una respuesta, entonces no está vibrando a un nivel que permita que la ley le traiga una respuesta. Quizás tengas miedo de lo que queda de suceden después de que responde o todavía estás enojado con él por no estar contigo.

Es realmente importante que la energía esté de acuerdo con lo que sucedió, lo que está sucediendo y lo que sucederá. Realmente tienes que liberar el resentimiento, la ira, el miedo y el control. Encuentra buenos sentimientos y aférrate a ellos tanto tiempo como puedas.

Regrese al principio del libro donde anotó lo que desea en una relación en la sección titulada Creación de lo que desea. Quiero que realmente pienses en tu relación ideal. No se trata de tu ex, sino de la persona exacta que podrías tener si pudieras agitar una varita mágica y crear una persona que sea todo lo que podrías desear. Escribe todo.

Ahora tome su nueva lista y la lista que creó originalmente cuando leyó este libro por primera vez. ¿Hay algo en su nueva lista que sea imprescindible que no haya incluido en su lista original? ¿Son estas cualidades que podría poseer tu ex?

¿Por ejemplo, estar con alguien más alto que tú es algo que debes tener en tu nueva lista que no estaba en tu lista original? Si tu ex no es más alto que tú, entonces, a menos que sea menor de 18 años, esta no es una cualidad que pueda poseer.

Mira las dos listas y decide si tu ex todavía es alguien con quien quieres estar o si quieres a alguien mejor. Si aún quiere estar con su ex, ¡siga usando las técnicas de este libro y aumente su vibración! Si desea a otra persona, aún puede utilizar las técnicas de este libro para atraer a alguien nuevo a su vida. Es posible que tu ex regrese cuando comiences a concentrarte en alguien nuevo. Concentrarse en la persona ideal podría liberar el apego y elevar su interés al nivel necesario para atraer la vibración de su ex. Entonces dependerá de usted decidir si su ex ahora es compatible con su persona ideal y vale la pena conservarlo o si debe deshacerse de él y conseguir a su verdadero príncipe.

"Estar relajado, en paz consigo mismo, seguro, emocionalmente neutral, relajado y flotando libremente: estas son las claves para una permanencia exitosa en casi todo lo que hace". —
Wayne Dyer

PREGUNTAS FRECUENTES

EL AMOR ES YA!

PREGUNTAS FRECUENTES

- **¿Qué hacer si parece que no funciona?**

Una de las primeras reglas de la ley es que sus pensamientos tienen el poder de crear. No importa lo que esté sucediendo, no se deje impresionar por las apariencias externas. Cuando comienzas a enfocarte en el mundo que te rodea, tu energía puede derrumbarse cuando piensas que las cosas no están funcionando, bien podría estar a solo un minuto de la manifestación.

Si permite que su energía vibracional disminuya, ese minuto fuera de la manifestación puede convertirse en semanas que recupera o meses, incluso años. Es la energía que estás poniendo en manifestar a tu persona específica lo que es importante. Concéntrese en él y asuma que su deseo ya se ha cumplido. Permanezca abierto y despejado. Continúe avanzando hacia su relación con ella y mantenga su vibración alta.

- **¿Cuánto tiempo tarda en funcionar la ley de la asunción?**

Los físicos han demostrado que el tiempo es una ilusión. Vemos que todo está sucediendo por separado cuando todo está sucediendo realmente, un evento tras otro al mismo tiempo. Eso significa que lo que quieres ya existe. Existió y fue tuyo en el mismo momento en que pensaste que lo querías.

El Universo tiene el poder de manifestarse instantáneamente. Si experimenta algún retraso, es porque no tiene suficiente fe, fe y confianza en que ya la tiene. Cuando eres una combinación vibratoria para estar en una relación con una persona específica, la tendrás.

Para el Universo, no hay diferencia entre un botón y un castillo, un dólar y un millón de dólares. Cualquier diferencia entre los dos existe solo en tu mente. La única razón por la que puede manifestar un botón más rápido que un castillo, o un dólar más rápido que un millón de dólares, es porque cree que es más fácil manifestar uno sobre el otro. Podrías pensar que se necesita mucho más para manifestar un castillo que un botón o que un millón de dólares lleva más de un dólar, pero para el Universo no hay diferencia entre los dos.

Manifestarás la relación que deseas con la persona específica que deseas cuando estés listo. Cuando esté listo, nada puede evitar que se manifieste. Lo único que puede detenerlo en todo este proceso eres tú.

Tenga suficiente fe y conocimiento de que este proceso funciona y de que ya tiene su relación, y así será. Cuando lo crea, lo tendrá.

CONCLUSIÓN

EL AMOR ES YA!

CONCLUSIÓN

Si desea utilizar la ley de Asunción para manifestar a una persona específica, debe hacer todo lo posible para garantizar su éxito. Si aún no ha creado su lista de relaciones, su visualización y su tablero de visión, deténgase y hágalo ahora. No son tareas para tirarlas a un lado y hacerlas más tarde cuando te apetezca.

Escribir su lista de relaciones, crear su tablero de visión y hacer su visualización le dice al Universo que está listo para crear el amor de sus sueños. Cada una es una acción que realiza su pedido para la persona específica que desea atraer.

Si no los hace ahora, es probable que no los haga.

¿Por qué?

No estás realmente comprometido a traer a tu chico o chica específica, pase lo que pase. Hay algo en ti que te impide estar con ellos.

Tal vez sea miedo: miedo al fracaso, miedo al éxito, miedo al amor, miedo al rechazo, tal vez sea enojo - enojo porque te dejaron, enojo porque él no está contigo.

Quizás sean sentimientos de insuficiencia, pensamientos de que no eres lo suficientemente bueno, pensamientos de que necesitas perder peso o ponerte en forma, las voces no te traerán el que quieres. Regrese y practique las técnicas de este libro para silenciar esas voces.

Habla con confianza sobre tu sueño como si ya **fuera** tu realidad. Ignore a los detractores y concéntrese en crear su realidad. Cualquiera que le diga que haga esto está actuando desde sus propias creencias que usted no puede y sus limitaciones. Sus comentarios no se tratan realmente de ti y de lo que puedes hacer. Puedes lograr cualquier cosa que te propongas. Permita que sus pensamientos se consuman en todo momento y que su sueño se haga realidad.

Sea persistente incluso si parece que se ha topado con un obstáculo. Hay menos problemas de los que cree y todos pueden superarse. Cada vez que aparece uno, es el Universo preguntándote si esto es lo que realmente quieres. Reafirma que de hecho te desea manifestar una relación con su persona específica y cambiar la forma en que ve los obstáculos; véalos como oportunidades para que algo aún mejor le convenga.

Si ha realizado todos los pasos de este libro, está enérgicamente listo para atraer su amor hacia usted. Mantenga alta su energía vibratoria y aférrese a su creencia hasta el último segundo. **Ni una sola vez considere que va a hacer otra cosa que tener éxito**. El Universo está manteniendo la relación que deseas con tu persona específica en este momento, solo esperando que la oportunidad te la dé.

Escuche los codazos del Universo y actúe sobre ellos. No puede simplemente leer este libro, sentarse y visualizar. ¡Tienes que actuar para lograr tu objetivo! El Universo le mostrará qué hacer en el camino. Simplemente siga su ejemplo y no podrá equivocarse. Envíe la energía de su corazón y continúe sintiéndose uno con su deseo.

Recuerda siempre que el amor es un sentimiento

Eres el único que puede generarlo, pero tu capacidad para generar amor es ilimitada.

- Ama tu vida.
- Amate a ti mismo.
- Ama todo lo que puedas.

Cuanto más amor envíes, más te volverá. Has hecho tu parte. Ahora depende de usted dejar que la ley haga su parte. Debe tener una sensación de libertad y confianza. No debe preocuparse por completo acerca de cómo ocurrirá su manifestación y, en cambio, debe estar seguro de que sucederá porque ya es suya.

No espere que esto funcione. La esperanza es solo una ilusión. Es una versión diluida de la fe y la confianza, y la fe y la confianza todavía son demasiado débiles. Tenga la absoluta certeza de que esto funciona. Tenga plena expectativa de que el éxito es suyo: ha utilizado con éxito la ley para manifestar a una persona específica. Sepa hasta la esencia misma de su ser que esto es así, y lo es.

"Da el primer paso con fe. No tienes que ver toda la escalera. Solo da el primer paso". - Dr. Martin Luther King, Jr.

NOTAS

AGRADECIMIENTOS

No podía faltar el agradecimiento a todos los que en mi existencia han estado, durante mis momentos claros y no tan claros. Este es un nuevo reto logrado y con ganas de hacer de este un nuevo estilo de vida, se que el elegir este camino no ha sido sencillo, pero ha sido muy gratificante hasta el momento. Aunque considere que aun no vea sus frutos en el plano de la tercera dimensión no quiere decir que ya no exista en el cuarta, pues es justo allí donde todo esto fue creado.

Gracias a ustedes que son mis mejores mentores y maestros a lo largo de mi vida, mama y papa; a ustedes les debo la vida aquí y todo el sacrificio que han hecho para conmigo, me enorgullece saber que sin juicio han apoyado este mi nuevo destino en la vida y que se que en el fondo hay agradecimiento eterno porque saben que soy muy feliz. A mi hermana Verónica que ha sabido oírme y jamás ha ejercido un tipo de juicio para con mis locuras, te amo eternamente porque se que cuando necesite con quien hablar tu estarás allí siempre dispuesta a oírme, me haces sentir muy orgulloso de todo lo que has logrado y por encima de todo saber que tengo el honor de ser tu hermano. A Carolina, una persona que, a pesar de no estar muy convencida hacia fuera, se muy en el fondo se que apoyaría cualquier locura que yo me trazara, pues si existe alguien que sabe amar sin condición eres tu querida hermana, te amo hoy y siempre por ser parte de este pedacito de ser que vine a ser aquí.

No puedo no mencionar a mi hija que a pesar de muchas turbulencias siempre estas en mi ser, iluminándome con tu energía y tus retos personales, si hay alguien a quien puedo admirar con gran deleite eres tu hija, que desde muy pequeña me regalaste una de las mas grandes enseñanzas de la vida (el desapego). Agradezco eternamente por ser yo el privilegiado de ser a quien nombraste papa. Te amo eternamente y se que algún día esto que hago te hará sentir muy orgullosa y de saber quien es este hombre llamado papa, te amo "PULGA".

A todos los amigos que han cruzado mi camino y me han regalado un espacio en sus vidas y corazones, les agradezco humildemente por ser tan afortunado de ser yo quien ha ocupado ese espacio en ti. Uds. también son una extraordinaria pieza en esta persona llamada Alfredo.

Y para seguir y no concluir, todos aquellos que se han cruzado conmigo de una u otra forma en esta maravillosa realidad llamada vida. Gracias por existir y por ser quien eres, porque tu presencia dice mas de mi que de ti, y tu que adquieres este libro hoy te honro y agradezco por también ser un trocito de mi ser, porque en el espectro terminaremos todos reencontrándonos, te honro y venero y agradezco tu existir.

EL AMOR ES YA!

Made in United States
Orlando, FL
17 February 2023

30059807R00074